DE

L'IMPOSSIBILITÉ

DU RETOUR

DE M. DECAZES

AUX AFFAIRES.

On trouve chez le même Libraire :

Affaire de Grenoble. N° I. — Mémoire pour le vicomte Donnadieu, lieutenant-général des armées du Roi, commandeur de l'ordre royal et militaire de Saint-Louis, grand-officier de l'ordre royal de la Légion d'honneur, contre les sieurs Rey, Cazenave et Regnier, auteurs et signataires d'une pétition pour quelques habitans de Grenoble. Par M. Berryer fils, avocat à la Cour royale de Paris. Un vol. in-8°, suivi de Pièces justificatives. Prix : 3 fr.　　　　*Franc de port,* 3 fr. 50 c.

N° II. — Lettre à M. le comte de Saint-Aulaire, *par le même,* en réponse au libelle que M. le comte de Saint-Aulaire a publié contre le Mémoire précédent. In-8°, 1 fr. *Fr. de p.,* 1 f. 15 c.

Développement de la proposition de M. le général Donnadieu, dans le comité secret du 11 avril 1821, tendant à ce qu'il soit fait une adresse à Sa Majesté, pour la supplier de vouloir bien choisir un autre ministère, attendu que le ministère actuel est incapable et anti-français. In-8°, 1 f. *Franc de port,* 1 f. 25 c.

La Bombe royaliste, lancée par A. Martainville, fondateur du *Drapeau blanc.* In-8°, 1 fr. 50 c. *Franc de port,* 1 fr. 75 c.

Porte-feuille de Fouché. — Lettre de Fouché à Napoléon. In-8°, 75 c.　　　　*Franc de port,* 90 c.

Pièces intéressantes pour servir à l'histoire du 19e siècle ; par l'auteur des *Trente premières années de la vie d'Henri V.* Un vol. in-8°, 3 fr.　　　　*Franc de port,* 3 f. 75 c.

Six journées passées au Temple, et autres détails sur la famille royale, qui y a été détenue. Par M. *** ; in-8°, 1 fr. 50 c.

DE
L'IMPOSSIBILITÉ
DU RETOUR
DE M. DECAZES
AUX AFFAIRES.

PARIS;

J. G. DENTU, IMPRIMEUR-LIBRAIRE,

rue des Petits-Augustins, n° 5 (ancien hôtel de Persan).

1821.

DE

L'IMPOSSIBILITÉ

DU RETOUR

DE M. DECAZES

AUX AFFAIRES.

On a cherché à accréditer pendant quelques jours le bruit assez étrange du rappel de M. Decazes à la présidence du conseil. Plusieurs banquiers qui jouent à la baisse ont essayé de soutenir de tout leur crédit cette nomination, dont ils connaissaient l'impossibilité, et que repoussent à la fois l'ancienne administration du ministre et la politique actuelle de l'Europe.

On ne peut pas juger des principes d'un homme d'Etat par une de ses actions isolées, attendu que des motifs secrets, des évènemens ignorés, ont pu lui commander un acte dont peu de personnes sont à même de connaître le mérite et d'apprécier l'importance; mais une longue série de faits qui se succèdent et s'enchaînent, établissent d'une manière irrécusable le caractère d'un magistrat, d'un administrateur, et servent à lui mériter l'éloge, ou à lui attirer le blâme de ses concitoyens.

C'est surtout envers ceux qui, placés au timon des affaires, ont imprudemment lancé le vaisseau de l'Etat au milieu de tous les périls; qui, investis de la puissance qui impose, de la force qui protége, n'ont su être ni assez puissans ni assez forts pour protéger le trône et imposer aux factions qui le menaçaient; c'est envers ceux-là, dis-je, que l'opinion publique doit se montrer sévère. L'imprévoyance et la légèreté sont des défauts parfois sans conséquence chez l'homme privé; mais ces défauts sont des crimes dans l'homme public, qui est comptable à la société de ses moindres actions, parce qu'il peut dépendre d'elles d'assurer le repos de l'Etat ou de compromettre son existence.

Il serait absurde de penser que le soin de diriger les affaires publiques pût désormais être confié au ministre dont tant d'actes imprudens ont signalé la carrière politique. Ceux même qui s'efforcent d'accréditer ce bruit n'y croient pas, et le simple exposé des actes du ministère de M. Decazes suffira pour détruire les craintes qu'a fait naître son retour.

Sous le gouvernement de Buonaparte, M. Decazes, dont la fortune consistait alors en espérances éloignées, épousa Mlle Muraire, fille du président de la Cour de cassation : elle était attaquée d'une maladie de poitrine à laquelle elle succomba. Ce fut à cette époque qu'une princesse de la famille de Buonaparte, touchée du désespoir de M. Decazes, s'intéressa vivement à lui. Cette liaison promettait à M. Decazes des avantages immenses. Il oublia ce qu'il avait perdu, pour ne songer qu'à ce qu'il pouvait obtenir, et s'affranchit d'un souvenir pénible pour tourner *toutes ses pensées vers l'ambition.*

La subite élévation d'une foule de personnages qui gravissaient d'un pas rapide le sentier des honneurs, autorisait ses espérances : M. Decazes a d'ailleurs des qualités qui justifiaient ses prétentions. Peu d'hommes joignent à des dehors aussi séduisans un abord plus agréable, une conversation aussi facile, aussi brillante. M. Decazes est affectueux dans ses manières; sa politesse est gracieuse ; il a le coup-d'œil prompt, la répartie vive et mordante ; et, comme pour donner une haute idée de ses moyens , il lui arrive souvent de jouer avec les choses sérieuses , et de traiter sérieusement les choses frivoles. Mais si M. Decazes est doué de la présence d'esprit qui sauve du danger présent , la nature lui a refusé la prévoyance, qui se rend maître du danger à venir. La faiblesse de son caractère s'augmente encore de la confiance qu'il a dans son bonheur ; avec lui, vingt-quatre heures sont un siècle ; et parce qu'il n'a pas succombé sur l'heure, il se flatte d'avoir triomphé pour toujours. Il est aisé à circonvenir, facile à irriter ; aussi brise-t-il sans pitié tout ce qui fait obstacle à ses projets.

Sur sa demande , M. Decazes fut dans le temps présenté à l'empereur, qui fit peu d'attention au protégé de la reine Hortense. M. Decazes ne se découragea point : trois fois il se fit inscrire au nombre des candidats proposés pour les places d'avocat-général , ou de conseiller à la Cour royale ; mais quoique son nom fût le premier en tête de ces listes, Buonaparte le raya constamment. Cependant, à cette époque, M. Decazes comptait au nombre de ses protecteurs , Cambacérès , et déjà le prince de Talleyrand s'intéressait à lui.

La restauration arriva ; elle ouvrait un vaste champ à l'ambition. M. Decazes s'attacha à la cause des Bourbons. Lors de la nouvelle du débarquement de Napoléon, il se fit inscrire parmi les volontaires royaux : cette action acheva de le perdre aux yeux de Buonaparte. Pendant les cent-jours, M. Decazes ne demanda ni emploi ni faveur, et ne chercha point à rentrer en grâce.

Au retour du Roi, il fut nommé préfet de police, cet emploi n'étant qu'un moyen d'arriver à un poste plus éminent. L'opinion publique s'élevait avec tant de force contre le ministre Fouché, qu'il fut obligé de donner sa démission : M. Decazes le remplaça à la police générale du royaume. N'ayant point eu d'éducation politique, il devait faire des fautes ; il en fit de très-grandes ; la première fut de consentir en quelque sorte à l'arrangement de la conspiration Plaignier (1), où l'atrocité touchait de si près au ridicule. Peut-être M. Decazes fut-il entraîné par de perfides conseillers à donner au

___

(1) On se rappelle que lors de l'instruction de cette affaire, la police ne put jamais représenter le sieur Duval, *dit* Schaltein, que les accusés désignaient comme celui qui les avait poussés dans le précipice.

Roi cet horrible gage de l'activité de sa surveil-lance. Il est cruel de se rappeler que presque tous les ministres de la police ont cru qu'un sang impur cimentait leur pouvoir, et qu'ils n'étaient solidement établis que lorsqu'ils avaient fabriqué ou découvert une conspiration.

Si l'élévation de M. Decazes au ministère de la police fit naître quelques regrets, elle réveilla beaucoup d'espérances. Des membres de la Chambre de 1815, qui voyaient avec inquiétude des succès si rapides couronner une ambition si jeune, blessèrent l'amour-propre du nou-veau ministre par des railleries amères; par l'observation qu'il était dangereux de placer à la tête des affaires un secrétaire de Madame, un protégé de la reine Hortense, et de mettre un homme dans la fâcheuse alternative d'op-poser sans cesse ses anciennes affections à ses nouveaux devoirs. La plus légère épigramme échappée aux royalistes fut soigneusement ré-pétée au ministre; la faction libérale, qui avait déja jeté ses vues sur lui, saisit avec empresse-ment cette première occasion de s'emparer de son esprit. Elle essaya sur son âme le pouvoir de la calomnie; elle persuada à M. Decazes que la Chambre de 1815 ne le souffrirait pas long-temps à la tête des affaires; et le ministre, qui craignait avant tout de perdre sa place, chercha à se débarrasser de la Chambre, dans la crainte qu'elle ne le culbutât.

La faction libérale fut la première qui devina le caractère léger et présomptueux du jeune ministre, et qui vit tout de suite le parti qu'elle en pouvait tirer. Ses meneurs étaient trop connus pour espérer d'arriver au pouvoir ou de parvenir à le diriger ostensiblement. Ils cherchaient, pour agir en leur nom, un homme qui n'eût à se reprocher ni leurs extravagances révolutionnaires, ni leurs crimes politiques ; un homme qui, revêtu d'un caractère public, n'eût ni la sagesse, ni la force qu'exigeait ce caractère : ils se persuadèrent que M. Decazes ne tenait au Roi que par son ambition, et ils dirigèrent leurs batteries en conséquence. Ce parti vint se jeter aux genoux du ministre ; il implora son appui, sa protection, son pouvoir ; il lui promit soumission, dévoûment, tout ce qui pouvait endormir la sévérité et chatouiller l'orgueil de la nouvelle Excellence ; enfin ce parti se mit à la discrétion du ministre, et bientôt le ministre fut à la discrétion du parti.

La faction ne traita point directement avec le ministre, dans la crainte de l'effrayer ; elle ne choisit point pour ambassadeurs les Beu*****, les Ma***, les Gré*****, etc.; c'eût été révéler trop tôt ses arrières pensées; elle députa vers S. Exc. des hommes dont la probité politique n'avait point encore reçu d'atteinte, de ces gens de bien qui rêvent des institutions, administrent avec des théories, et n'opposent à l'audace des factieux, aux crimes des conspirateurs, que l'obscurité de leurs discours et l'impuissance de leurs doctrines.

Les *doctrinaires*, derrière lesquels les libéraux se tenaient en réserve à cette époque, furent donc les premiers qui s'emparèrent de l'esprit et de la confiance du ministre. Les libéraux avaient le projet de porter les *doctrinaires* au ministère; ils agissaient dans ce sens; ils intriguaient de toutes leurs forces pour qu'ils y arrivassent; ainsi M. Decazes n'était pas seulement le jouet des libéraux, il était encore le jouet des *doctrinaires*, auxquels l'ordonnance du 5 septembre devait frayer la route au ministère.

Dès que cette ordonnance fut rendue, M. Decazes, qui n'avait voulu que s'unir aux Roy**Col****, aux Cam**** Jo*****, etc. etc., se trouva au pouvoir des libéraux, parce que tout se tient en politique, et que les doctrinaires ne sont que le premier anneau de la chaîne libérale.

Ainsi, la faction révolutionnaire qui depuis juillet 1815 avait pris l'humble attitude d'un parti vaincu, se trouva tout à coup accueillie, protégée par un *ministre du Roi*, par un homme comblé des faveurs du monarque. Ce ministre, qui n'avait pas été assez prévoyant pour éviter le piége qu'on lui avait tendu, ne devait pas non plus pressentir les dangers de la position qu'on l'avait forcé de prendre : d'ailleurs le parti l'engagea de plus en plus dans une fausse route dont son ambition lui cacha d'abord et lui fit dédaigner plus tard les funestes conséquences.

Dès que le ministre fut au pouvoir des libéraux, ceux-ci lui demandèrent des garanties : la loi des élections fut la première et la plus importante des concessions qu'ils obtinrent. Cependant, malgré sa défectuosité, cette loi aurait peut-être encore produit de bons choix, si le ministre, qui avait tant de moyens de le faire, eût sagement dirigé les élections; s'il eût annoncé franchement l'intention de servir le Roi et d'appuyer la monarchie; mais le ministre ne voulait soutenir que le ministre.

A cet effet, on s'entendit avec les chefs du centre gauche; et des Cam**** Jo***, des

Ro*** Col****, on remonta aux Gui***, aux Kér****, aux Vi** Lev****; on se partagea les nominations; il fut décidé qu'on tâcherait de composer la Chambre de libéraux et de ministériels. On demanda aux premiers d'être sages et prudens dans leurs élections; on écrivit aux préfets pour leur imposer des députés *purement ministériels;* ils ne fut pas question de royalistes *proprement dits,* parce que le ministre, qui n'avait pas su administrer avec la majorité de la Chambre de 1815, redoutait la réélection de ses membres; et ne pouvant les traiter en ennemis de la royauté, il les signalait comme des ennemis de la Charte (1).

Qu'arriva-t-il? L'influence du comité-directeur fut supérieure à celle du ministre : les choix indiqués par ce parti furent adoptés partout, et les libéraux envoyèrent à la Chambre beaucoup plus de députés qu'ils ne l'avaient promis.

Tout autre que M. Decazes eût été éclairé

---

(1) C'est ici le cas d'avouer que la faction libérale, toujours aux aguets, avait merveilleusement profité de quelques propos irréfléchis et de quelques expressions irrespectueuses échappées à des royalistes ardens, qui ne voulaient pas se persuader que le ministère seul imprimait aux affaires cette marche oblique qui entraînait l'Etat vers une ruine inévitable.

par ce résultat, ou du moins effrayé par ce premier succès libéral; mais il se crut encore maître d'un parti dont il n'était plus que l'instrument. Il se flatta de régler sa marche et de modérer ses prétentions; mais la France était tranquille; et la faction libérale, encore prudente, quoiqu'en faisant de nombreux députés, s'était montrée réservée dans ses choix; et le ministre, qui se persuada que cette réserve, cette tranquillité dureraient toujours, qu'elles étaient le fruit du système qu'il avait adopté, le résultat de la sagesse de son administration, se révolta à la seule idée de toucher à la loi des élections, qui semblait lui garantir son pouvoir.

Cependant le parti libéral, profitant habilement de ses avantages, croissait en nombre et en audace. Ses lieutenans remplissaient les antichambres du ministre; ses agens étaient placés près de S. Exc., qui, elle-même, avait pris son secrétaire dans les rangs libéraux : ils obtenaient du ministre des grâces, des emplois, des fonctions.

Pour abuser plus sûrement le peuple, les libéraux cachent leur funeste amour du pouvoir sous l'apparence d'un grand dévoûment à la liberté; et s'il restait quelques doutes à cet égard, leur adoption de tous les hommes qui ont servi Buonaparte, et qui lui sont encore demeurés fidèles, suffirait pour les dissiper.

Le ministre, qui connaissait l'alliance qui existe entre les libéraux et les buonapartistes, s'adressa à ceux-ci pour recruter la Chambre des pairs : cette dignité leur fut accordée sous l'engagement formel de soutenir de tout leur pouvoir une loi... dont le même ministre devait quelques mois plus tard solliciter l'abrogation ; cependant telle eût été la conséquence de l'augmentation subite de la haute Chambre, que si les nouveaux pairs, qui y étaient entrés en qualité de défenseurs de la loi, eussent tenu parole et eussent fidèlement rempli la condition imposée à leur nomination.... la loi des élections subsisterait encore.

Le parti auquel le ministre avait cédé une part dans les élections voulut bientôt les envahir toutes, et les hommes sur lesquels le ministère s'appuyait, repoussaient avec dédain les candidats du ministère. Devenu plus hardi dans ses choix, le comité directeur alarma le ministre. M. Decazes, qui s'imaginait que le secret de gouverner consistait dans l'art de faire à propos un demi-tour à droite, ou un demi-tour à gauche, se tourna cette fois du côté de la monarchie ; il fit un appel aux royalistes avant, après la Charte. A peine les royalistes eurent-ils aperçu les signaux de détresse du ministère, qu'ils forcèrent de voiles pour venir à son secours; leurs efforts réunis triomphèrent de l'imprudence du ministre, et le candidat qu'on redoutait à Paris (1) ne fut nommé que dans les départemens.

Il est juste de le dire : les royalistes, dont le ministère avait si vivement réclamé le secours, ne s'étaient point unis à lui pour protéger un candidat de leur choix : le ministère ne les appelait que pour soutenir un de ses cliens. Le combat était engagé entre deux hommes qui ne devaient point siéger au côté droit, mais dont l'un, ennemi acharné du ministère, menaçait d'occuper l'extrémité de la gauche; tandis que son compétiteur, soumis à l'influence ministérielle, promettait de s'asseoir seulement au centre du même côté; cette victoire à laquelle les royalistes contribuèrent si puissamment, ne devait donc point tourner à leur avantage, et leur désintéressement en cette occasion suffisait pour démontrer au ministre combien il devait compter sur eux, toutes les fois qu'il

---

(1) Benjamin Constant.

s'agirait de l'intérêt de la France et de la monarchie.

Malheureusement le ministre prit pour de la faiblesse ce qui n'était que de la générosité. Il abandonna sur le champ les alliés dont il avait si avidemment imploré l'assistance : l'avantage qu'il venait de remporter avait augmenté son orgueil et sa sécurité ; il se persuada qu'il trouverait toujours les royalistes disposés à seconder ses vues, dès que lui-même croirait le trône assez en danger pour avoir recours à leur fidélité.

Ce nouvel éloignement de M. Decazes pour les royalistes qui l'avaient si bien servi dans l'élection de Paris, fut encore l'ouvrage des libéraux : non seulement ils étaient parvenus à empêcher la réunion du centre droit à la droite de la Chambre , qui eût donné au gouvernement une force positive et une majorité monarchique ; mais encore ils parvinrent , par leurs intrigues et par l'empire qu'ils avaient pris sur le ministre , à le détourner de toute alliance avec le côté droit, en lui représentant toujours les royalistes comme autant d'ennemis irréconciliables qui ne l'accueilleraient que pour le perdre ; et M. Decazes voulait être ministre avant tout.

Dans les commencemens, les libéraux ne s'étaient annoncés que comme les soutiens, les défenseurs de la Charte ; ils ne parlaient que de la Charte ; ils ne réclamaient que les garanties accordées par la Charte. Plus tard, ils se proclamèrent les soutiens, les défenseurs de la révolution ; ils réclamèrent les garanties accordées par la révolution ; ils se déclarèrent hautement les héritiers de la révolution, et se mirent en communauté de principes avec un des assassins de Louis XVI, en l'envoyant à la Chambre ! Ils y avaient fait entrer 91 avec M. de Lafayette ; ils voulurent y faire entrer 93 avec Grégoire : c'étaient, disaient ils, des principes vivans qu'ils voulaient faire siéger parmi eux (1).

Cette élection de Grégoire indigna la France ; et cependant le ministre, qui était instruit à l'avance des ressorts qu'on faisait jouer pour nommer l'ancien évêque de Blois, manqua de force pour l'empêcher. Ce ministre, qui avait si promptement repoussé son ennemi personnel

---

(1) Et quels principes ! M. Manuel, dans la séance de la Chambre des représentans du 30 juin 1815, disait : « Je veux le « bonheur des Français ; et je ne crois pas que ce bonheur puisse « exister si le règne de Louis XVIII recommence. » Et M. Manuel a été député de la Vendée sous le ministère de M. Decazes !

à Paris, ne sut pas repousser l'ennemi des Bourbons à Grenoble! Actif lorsqu'il s'était agi de
ses propres intérêts, il demeura insouciant lorsqu'il s'agissait des intérêts du trône. *Le ministre
de Louis XVIII* laissa consommer l'élection
de *l'assassin de Louis XVI*. Ce fait inouï dé-
cida du sort de la loi et de l'existence du ministère.

Cette fois, les révolutionnaires s'étaient mon-
trés à visage découvert. M. Decazes fut épou-
vanté d'une hardiesse qui compromettait son
administration ; mais il se rassura bientôt en se
persuadant que, par un nouveau mouvement de
bascule, il lui serait facile de se replacer à la tête
des royalistes. Mais quels gages pouvait il donner à ceux-ci qu'il n'eût aussi donné au parti
contraire ? Le ministre qui avait si long-temps
et si publiquement encouragé l'audace des libéraux, pouvait-il les combattre avec énergie, et
n'était-ce pas d'ailleurs un grand scandale à donner à la France que de lui présenter sans cesse le
même homme commandant alternativement les
forces des deux partis ; à la tête des royalistes,
agissant contre les libéraux ; à la tête des libéraux, agissant contre les royalistes, et faisant
toujours feu sur le parti qu'il venait de déserter.

Un grand malheur avait retrempé le cou-

rage des royalistes; ils étaient bien résolus d'op-
poser une digue au torrent qui menaçait d'en-
gloutir le trône. Aussi refusèrent-ils de placer
leur confiance dans le ministre qui avait perdu
celle de la nation. Et comment en effet auraient-
ils pu croire que celui qui avait eu la faiblesse
de compromettre l'existence du monarque, aurait la force de sauver la monarchie, ou qu'il
parviendrait à soutenir la royauté, sans em-
ployer de royalistes, en confiant la défense du
trône à ceux qui travaillaient à le perdre?

Dans la position désespérée où se trouvaient
alors les libéraux, M. Decazes était leur unique
ressource; dans la position désespérée où se
trouvait M. Decazes, les libéraux devenaient
son seul appui. Eux seuls avaient encore intérêt à le perpétuer dans le ministère; aussi avec
quel zèle ils se réunirent pour protéger le ministère chancelant de M. Decazes! Que d'efforts
ils employèrent pour retarder la chute de leur
protecteur! L'ambition du ministre ne se mon-
trait que trop d'accord avec leurs désirs; il s'a-
gissait alors, non d'assurer le repos de la France
et de sauver la monarchie, mais d'assurer le repos
des libéraux et de sauver M. Decazes; et cette
fois, ce n'était plus avec les Ca***, ce n'était plus
avec les Vill***, les Ker*** qu'on devait trai-

ter, c'était avec une partie de l'extrême gauche, dont jusque-là le ministre avait repoussé les services et dédaigné le secours.

C'est donc uniquement pour conserver un pouvoir dont il a fait un si dangereux usage, que M. Decazes a été successivement entraîné à des concessions criminelles qui se sont toujours accrues en proportion des dangers qui menaçaient l'existence de son ministère.

Le Roi, touché du péril de la nation, fit au bonheur de ses peuples le sacrifice de ses affections particulières, et M. Decazes partit pour Londres.

Le nouveau ministère s'attacha à soutenir la monarchie et à lui créer dans la Chambre une majorité qui la défendît contre les violentes attaques des libéraux. Cependant, forte des évènemens d'Espagne, de Naples, du Piémont, la faction, *qui veille toujours*, travaillait à une révolution en France, et déjà les coryphées des cortès proclamaient la Constitution de 91, au moment où le souffle révolutionnaire menace d'embraser l'Europe ; les journaux annoncent le prochain retour de M. Decazes : il y a au moins du malheur dans la coïncidence de ces deux circonstances.

A peine cet ancien ministre a-t-il franchi les

barrières de la capitale, que les trompettes libé-
rales sont à l'affût de ses moindres actions; et
par l'importance ridicule que ce parti s'efforce de
leur donner, il cherche à faire naître dans quelques esprits la possibilité de voir M. Decazes
reparaître au conseil; non pas que la faction
le regarde comme un chef habile à la conduire :
M. Decazes, qui n'a pas su mériter la confiance
des royalistes, n'a pas même acquis celle des libéraux; mais ces derniers voient en lui un
protecteur obligé qui, par ses antécédens, s'est
mis dans la position de ne plus rien refuser, et
qui par conséquent ne peut plus marcher qu'a-
vec eux et gouverner que dans le sens de la révolution.

En effet, ce ministre, qui, *administrateur
royaliste*, a poursuivi d'abord les révolutionnaires à Lyon, à Grenoble ; qui, ensuite *administrateur libéral*, a persécuté les royalistes partout, ne peut être franchement adopté par au-
cun parti; et il n'a retiré des actes de son ministère que la haine, ou secrète ou publique,
des différens partis sur lesquels il a frappé tour
à tour. Son administration a révélé le secret
de sa turpitude comme ministre : son retour
aux affaires ne peut être que le rêve de quelques libéraux sans places, de buonapartistes

sans fonctions, de républicains sans emplois, et de cette espèce de royalistes dont la fidélité demande des arrhès, et qui exige des récompenses en à-compte sur des services à venir. On ne peut arriver au pouvoir sans un parti quelconque, et l'on ne s'y soutient pas sans majorité; mais l'ambition fut, pour ainsi dire, le sentiment unique de la vie de M. Decazes, et c'est encore elle qu'il faut accuser de son séjour dans des lieux où sa présence n'a d'autre effet que de réveiller les ambitions de toutes les couleurs, et d'être le point de mire des intrigans de toutes les opinions.

Cet exposé rapide suffit pour prouver que c'est à tort que l'on a paru craindre un moment que M. Decazes ressaisît l'autorité. Son rôle politique est fini, et son administration a laissé des traces trop profondes, des souvenirs trop douloureux pour qu'il soit jamais possible d'accorder quelque confiance au ministre qui, durant son pouvoir, a compromis la sûreté du trône et enchaîné les libertés publiques, protégé la révolution, et mis en danger la monarchie.

FIN.

www.ingramcontent.com/pod-product-compliance
Lightning Source LLC
Chambersburg PA
CBHW051151050726
47594CB00007B/2847